RÉPUBLIQUE FRANÇAISE

DE LA

COLONISATION

EN ALGÉRIE

ALGER

GIRALT, IMPRIMEUR DU GOUVERNEMENT GÉNÉRAL

16, RAMPE MAGENTA, 16

1889

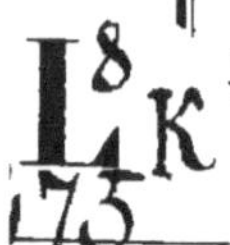

DE LA COLONISATION

EN ALGÉRIE

RÉPUBLIQUE FRANÇAISE

DE LA
COLONISATION
EN ALGÉRIE

ALGER

GIRALT, IMPRIMEUR DU GOUVERNEMENT GÉNÉRAL

16, RAMPE MAGENTA, 16

—

1889

DE LA COLONISATION

EN ALGÉRIE

Il a été publié, à l'occasion de l'Exposition universelle de Paris, en 1878, une notice sur l'histoire de la colonisation en Algérie.

Dans cet opuscule, on a retracé, en quelques pages, l'historique des diverses réglementations pratiquées successivement, et indiqué, par des données statistiques, leurs différents résultats.

L'historique a été divisé en cinq périodes correspondant aux principales phases par lesquelles a passé l'œuvre de la colonisation de 1830 à 1877.

I. De 1830 à 1840, époque de la lutte, de l'incertitude, le mouvement commercial et agricole commence cependant à se manifester.

De 7.983.600 francs que le mouvement général du commerce était en 1831, il s'élève en 1840 à 53.660.936 fr.

Des concessions de 4 à 12 hectares sont accordées à 316 familles formant une population de 1.580 individus. Ces attributions, consenties gratuitement, portent sur une étendue de 2.743 hectares.

II. De 1840 à 1851, le régime de la concession gratuite, inauguré en 1836 et confirmé par l'arrêté du 12 avril 1841, donne des résultats satisfaisants.

Le maréchal Bugeaud et ses successeurs créent ou agrandissent 126 villes et villages et concèdent 101.675 hectares 65 ares

La population rurale augmente de 40.913 habitants ; car elle est, en 1851, de 42.493 âmes.

L'ensemble de la population européenne de la colonie qui était à la fin de 1840 de 27.204 habitants, s'élève en 1851 à 131.283, accusant ainsi un accroissement de 104.079 individus dont les 2/5 environ sont à l'actif de l'élément agricole.

Quant au mouvement commercial, il continue sa marche progressive et atteint, en 1851, le chiffre de 82.955.165 fr., présentant ainsi une augmentation de 24.294.229 fr.

III. De 1851 à 1860, une pensée domine dans le mode d'aliénation des terres domaniales de colonisation. Peu importe que la mise en valeur du sol soit l'œuvre de l'attributaire primitif ou de tout autre qui viendrait à sa place. L'essentiel est d'obtenir cette mise en valeur. On s'éloigne alors de la pensée du maréchal Bugeaud qui voulait surtout le peuplement par l'élément européen.

C'est sous l'inspiration de cette nouvelle pensée que parut le décret du 26 avril 1851 qui, tout en consacrant le régime de la concession gratuite, substituait au titre provisoire, simple promesse de propriété, un titre de propriété immédiate et transmissible, mais avec clauses résolutoires.

Ce système, qui donnait à l'intérêt particulier une satisfaction du moment, n'apporta pas au peuplement un accroissement proportionnel aux surfaces concédées.

En effet, de 1851 à 1860, 85 centres seulement sont créés. La superficie concédée est de 251.556 hectares et l'apport qui en résulte pour le peuplement se chiffre par 14.957 âmes.

Toutefois, le mouvement progressif de la population rurale, dû au développement des centres formés pendant les périodes précédentes s'est accentué. Le chiffre des habitants ruraux est, en effet, de 86 538 habitants nouveaux. La population rurale s'est donc accrue de 42.493 individus.

Le mouvement général du commerce monte de

82.995.165 fr. à 157.243.435 fr., soit un rendement supérieur de 74.288.270 fr..

IV. Dans la période de 1860-1871, on modifie encore le régime de l'aliénation des terres. Le décret du 25 juillet 1860 opère, en restreignant à la seule obligation de bâtir, les charges imposées aux anciens concessionnaires, une liquidation du passé, laquelle n'a pas du reste donné les résultats que l'on en attendait. Il inaugure, en même temps, le régime de la vente sous trois formes différentes: la vente à prix fixe, la vente aux enchères, la vente de gré à gré.

Les espérances conçues sont encore déçues.

La vente à prix fixe de 1860 à 1864 ne donne que des résultats insignifiants : 8.567 hectares seulement sont ainsi aliénés.

La vente aux enchères ne porte que sur 9.754, et celle de gré à gré sur 2.299 hectares.

Pendant ces mêmes années, de 1860 à 1864, l'administration se trouvait amenée à concéder gratuitement 53.485 hectares afin de satisfaire aux nombreuses demandes produites et de ne pas enrayer le mouvement d'immigration.

Un nouveau décret, celui du 31 décembre 1864, abolit en partie celui du 25 juillet 1860 et interdit toute concession gratuite des terres domaniales. Il organise, comme mode unique d'aliénation, la vente à prix fixe et à bureau ouvert.

Les terres, mises en vente sous le régime de ce décret, sont achetées par des indigènes ou revendues aux indigènes par leurs acquéreurs européens. Aucun village n'est créé.

Cette expérience décide l'administration à établir elle-même 11 villages embrassant une étendue de 15.382 hectares et comprenant 437 feux.

La population rurale s'élève de 86.538 à 118.747 individus, soit une augmentation de 32.209 habitants, dont 4.582 seulement comme population des centres créés depuis 1860 jusqu'à 1871, le surplus, soit 27.627, provenant du développement des villages créés antérieurement.

De 157.243.435 fr. le mouvement général du commerce s'élève à 306.703.517 fr. présentant ainsi une augmentation de 149.460.082 fr.

V. La période de 1870 à 1877, est marquée à son début par les malheureux événements de la métropole, dont le contre-coup amène en Algérie une levée de boucliers des indigènes contre les européens.

Néanmoins, le séquestre, apposé sur les biens des insurgés, ouvre un nouveau champ à la colonisation dont les ressources territoriales étaient épuisées.

La loi du 21 juin 1871 attribue 100.000 hectares de terres domaniales au profit des Alsaciens-Lorrains désireux de conserver la nationalité française.

Un appel est adressé aux émigrants des autres provinces de France.

Quant au mode de concession, on revient résolument, à l'instar de la loi américaine dite du *Homestead*, au régime de l'attribution gratuite, sous condition de résidence.

Le décret du 16 octobre 1871, révisé par celui du 10 octobre 1872 et complété par le décret du 15 juillet 1874, rétablit cet ancien régime. Ces décrets permettant, d'ailleurs, au locataire de l'Etat d'emprunter en transférant, comme guarantie, son droit au bail au prêteur. Cette réglementation est même plus libérale que celle du Homestead qui n'autorise pas le colon à grever ses immeubles d'un droit réel tant qu'ils sont susceptibles de faire retour au Domaine de l'Etat pendant la période de résidence obligatoire.

De 1871 à 1877, en 6 années, 198 villages, hameaux, ou groupes de fermes sont créés ou agrandis.

30.000 personnes sont placées dans les centres de nouvelle formation et les agrandissements.

La population des villages d'ancienne création monte de 118.747 à 131.798 individus.

Pendant la même période, le commerce général s'élève de 306.703.517 fr. à 350.191.139 fr. soit une augmentation de 43.487.622 francs.

Tel est le résumé succinct du « *Coup d'œil sur l'histoire de la colonisation de 1830 à 1877* » qui a été écrit pour montrer aux visiteurs de l'Exposition universelle de 1878, les progrès accomplis dans notre possession du Nord de l'Afrique.

Nous nous proposons de continuer cet exposé jusqu'en 1888 et d'écrire, à grands traits, l'histoire de la colonisation pendant cette sixième période, afin de faire connaître aux esprits qui s'intéressent aux choses de notre colonie, les efforts et les sacrifices qui ont été accomplis pour continuer l'œuvre du peuplement de ce pays par l'élément européen, l'élément essentiel de ses progrès et de sa richesse.

DÉCRET DU 30 SEPTEMBRE 1878.

Il n'est pas de question plus originale, plus complexe que celle de la colonisation. Comme on l'a fait judicieusement remarquer, dans l'opuscule de 1878, la colonisation touche à toutes les branches de l'administration : Domaines, Travaux publics, Forêts, Cadastre, etc...... Légiférer sur une matière aussi importante n'est pas une œuvre aisée, en raison de l'expérience et des lumières variées qui sont nécessaires pour édicter à cet égard des règles précises et de nature à répondre aux aspirations de tous et aux besoins tant particuliers que généraux que comporte cette œuvre.

Ainsi s'expliquent les tâtonnements, les essais auxquels on s'est livré, et ces réglementations successives qui ont inauguré les régimes si divers dont il a été donné un aperçu dans la partie précédente.

C'est d'ailleurs pour ces motifs que dans l'élaboration du décret de 1878, le gouvernement a consulté, non seulement les Conseils généraux de la colonie, mais encore les Chambres d'agriculture et de commerce, les comices agricoles, les banquiers, les notaires, toutes les personnes, enfin, qui pouvaient donner un avis éclairé sur la question.

Voici les dispositions essentielles de ce décret :

Les terres affectées au service de la colonisation sont divisées en lots de village de 40 hectares au maximum et en lots de ferme dont la superficie ne doit pas dépasssr 100 hectares.

Le Gouverneur général est autorisé à les concéder aux Français d'origine européenne et aux Européens naturalisés ou en instance de naturalisation, qui justifient de ressources suffisantes et qui ne sont déjà ni attributaires, ni cessionnaires, ni adjudicataires de terres domaniales à aucun des titres prévus par les décrets parus depuis 1871.

La concession est faite sous condition suspensive. Le concessionnaire est tenu, sous peine de déchéance, de résider pendant 5 ans sur le lot attribué. Il peut, toutefois, abréger ce délai et obtenir son titre définitif de propriété après trois ans, s'il justifie d'une dépense moyenne de 100 francs par hectare réalisée en améliorations utiles et permanentes, dont un tiers au moins en bâtiments d'habitation ou d'exploitation agricole. Pour les lots de ferme, la résidence personnelle peut être remplacée par l'installation d'une ou plusieurs familles françaises et par la dépense en améliorations utiles et permanentes de 150 fr. par hectare.

Pendant la période de concession provisoire, le concessionnaire peut, après une année effective de résidence, céder ses droits à toute personne apte à obtenir une concession directement.

Il ne peut, pendant cette même période, consentir d'hypothèque qu'au bénéfice du prêteur qui lui fournit les fonds nécessaires pour améliorer la propriété et en assurer l'exploitation. Le créancier non désintéressé a le droit de requérir la mise en vente de la concession, avec admission à l'adjudication de tous enchérisseurs d'origine européenne.

La mise en vente a lieu également dans le cas de déchéance, si des améliorations utiles et permanentes ont été faites sur l'immeuble. Le prix de l'adjudication, à laquelle sont admis tous enchérisseurs d'origine européenne qui ne sont pas déjà attributaires de terres domaniales, est dévolu au concessionnaire déchu, jusqu'à concurrence de la valeur de ces améliorations dont le montant est fixé par le Conseil de préfecture.

Le Gouverneur général, après avis du Conseil de gouvernement, peut autoriser la vente aux enchères publiques, avec admission de tous enchérisseurs d'origine européenne, des lots de ferme isolés et des terres qui ne sont utilisées que pour le pacage. Il peut aussi autoriser la vente aux enchères ou de gré à gré, sans condition d'origine pour les acquéreurs, des lots industriels formés dans les villages.

La revente aux indigènes non naturalisés des terres concédées ou vendues est interdite, pour les lots de village, pendant un délai de 10 ans, à partir de la délivrance du titre définitif, et pour les lots de ferme pendant un délai de 20 ans.

Enfin, les terres de colonisation sont exemptées de tous impôts immobiliers pendant 10 ans.

Telles sont, en résumé, les dispositions qui, depuis le décret du 30 septembre 1878, régissent l'aliénation des terres affectées au peuplement.

Au moment de sa promulgation, la nouvelle législation donnait satisfaction aux aspirations qui s'étaient manifestées depuis quelques années : d'un côté, le concessionnaire pouvait obtenir son titre définitif de propriété à l'expiration de la troisième année, et le crédit immédiat lui était facilité par les garanties offertes aux prêteurs ; d'un autre côté, les personnes qui, tout en s'adonnant dans les villes à l'industrie ou au commerce, étaient désireuses de s'associer à l'œuvre de la colonisation, sans pouvoir cependant s'astreindre à la condition de résidence personnelle, se trouvaient désormais affranchies de cette condition, moyennant l'accomplissement d'obligations qui sauvegardaient à la fois le peuplement et la mise en valeur du sol.

Mais il ne suffisait pas d'avoir amendé la législation sur l'aliénation des terres domaniales de colonisation, il fallait : d'une part, créer des villages suivant un plan d'ensemble intelligemment combiné, et, d'autre part, trouver les voies et moyens indispensables à sa réalisation.

On avait bien, en effet, depuis quelque temps, publié un programme des centres à créer chaque année, mais il convenait d'apporter plus d'esprit de méthode et de vues d'ensemble qu'on ne l'avait fait dans une œuvre qui est le fondement essentiel du progrès de la colonie. De là la nécessité d'un programme de colonisation ou plan d'occupation.

PROGRAMME GÉNÉRAL DE COLONISATION

De même que ses prédécesseurs, le général Chanzy comprit qu'il était indispensable de déterminer, une fois pour toutes, les points à occuper. C'était la reprise de l'idée du maréchal Bugeaud. Des instructions furent données en vue d'étudier des projets divers de création de centres dont l'ensemble s'enchaînerait et embrasserait toute la partie colonisable de l'Algérie.

C'est dans cet ordre d'idées qu'avait été commencé et fut terminé ensuite, sous l'administration du Gouverneur général actuel, M. Tirman, un travail d'ensemble, lequel fut soumis au Parlement à l'appui du projet dit des 50 millions.

Ce projet comportait l'acquisition de 300.000 hectares de terres devant coûter environ 23 millions et l'exécution pour l'installation de 175 villages, de travaux publics dont la dépense était évaluée à 21 millions, soit un total de 44 millions auquel on jugeait nécessaire d'ajouter une somme à valoir de six millions destinée à parer à l'imprévu d'une œuvre aussi complexe.

M. le Gouverneur général proposait de recourir à la combinaison financière suivante :

La caisse des dépôts et consignations avancerait à la colonisation 5 millions par an pendant dix ans.

Pour le remboursement, M. Tirman prenait 2.824.000 francs sur les crédits annuellement inscrits à la loi de finances et dont jamais la diminution n'avait été demandée. Cette somme aurait constitué une annuité d'amortissements qui aurait été servie pendant vingt-deux ans à la caisse des dépôts et consignations. Dans vingt-deux ans l'amortissement eût été complet et il n'y aurait plus eu de raison d'inscrire au budget le crédit annuel de 2.824.000 fr.

Le projet n'ajoutait donc aucune charge nouvelle au budget.

Devant la Chambre des députés, dans les séances des 27 et 28 décembre 1883, ce projet fut l'objet d'une discussion vive ; il trouva des adversaires chez MM. Ballue, Guichard et Lebaudy, et, malgré les efforts de M. Tirman, commissaire du Gouvernement pour la circonstance, et ceux de MM. Graux et Waldeck-Rousseau, il fut définitivement rejeté.

A ceux qui n'ont pas suivi cette discussion nous recommandons de se reporter aux débats parlementaires de la Chambre des députés, année 1883, pages 2975 à 3013. Ils y verront qu'en définitive, il s'agissait, d'ajouter 300.000 hectares aux 1.072.892 hectares déjà occupés par des Européens, c'est-à-dire de porter cette occupation à 1.372.892 hectares, superficie bien faible par rapport à celle du Tell qui est de 14 millions d'hectares environ, et encore devait-on rendre aux indigènes, sous forme de compensations en nature, plus de la moitié de ces 300.000 hectares, soit 180.000 hectares.

Les conséquences les plus heureuses au point de vue du peuplement européen, du développement de la richesse publique et de l'amélioration même du sort des indigènes eussent certainement couronné cette entreprise, si elle eût été exécutée.

PROPOSITION DE LOI DE M. D'HAUSSONVILLE

La proposition dont M. d'Haussonville avait saisi le Sénat avait pour but d'affecter à l'œuvre de la colonisation en Algérie, les terres que le domaine de l'Etat possédait dans ce pays et de régler le mode de leur aliénation.

Cette proposition devait, dans la pensée de son auteur, permettre d'atteindre le but du projet rejeté, à l'aide des ressources domaniales et sans appel au budget. Evaluant à 800.000 hectares la superficie des terres domaniales alors utilisables, M. le comte d'Haussonville estimait que cette superficie pouvait, avec des espaces à distraire du régime forestier, être portée à un million d'hectares dont l'aliénation, au taux moyen de 50 francs l'hectare, produirait les 50 millions qu'il s'agissait d'attribuer à la colonie. Ce produit servirait à constituer un fonds commun affecté aux dépenses de colonisation dans les trois départements de l'Algérie. L'aliénation des immeubles aurait lieu par voie de vente aux enchères, mode qui serait appliqué uniformément et d'après des règles déterminées, aussi bien aux terres affectées directement au peuplement qu'à celles reconnues inutilisables pour la colonisation. Les indigènes non naturalisés et les étrangers seraient exclus des adjudications. La concession gratuite ne serait admise qu'à titre d'exception pour les services civils et militaires.

L'économie de ce projet qui reposait sur l'utilisation des terres domaniales et sur la création d'un fonds commun, paraissait rationnelle. C'était l'affectation du domaine algérien à l'œuvre de la colonisation algérienne.

La 9ᵉ commission d'initiative parlementaire du Sénat, dans son rapport déposé le 24 janvier 1884, se prononça à l'unanimité pour la prise en considération, en faisant toutefois des réserves quant aux dispositions concernant l'aliénation des immeubles.

MESURES PRISES PAR L'ADMINISTRATION ALGÉRIENNE

Le projet de loi des 50 millions ayant été rejeté, M. le Gouverneur général se préoccupa, de son côté, des conditions dans lesquelles l'administration pourrait poursuivre la continuation de son œuvre, et il chercha à se rendre compte des voies et moyens auxquels elle devait désormais recourir.

Son examen se porta en même temps sur la proposition de loi de M. le comte d'Haussonville.

L'économie de ce projet reposait sur l'utilisation des terres domaniales et la création d'une caisse de colonisation.

Dans les conditions nouvelles, cette double proposition parut devoir être retenue et servir de base aux nouveaux projets.Ce n'était pas, du reste, une idée neuve, l'administration y avait songé précédemment dans l'examen des combinaisons auxquelles on pourrait avoir recours à défaut d'appel au budget.

Mais il fut reconnu certain que la vente des immeubles domaniaux ne saurait fournir toutes les ressources financières que l'honorable sénateur en espérait. Les terres domaniales susceptibles d'aliénation n'embrassaient point une superficie de 800.000 hectares comme il le supposait, et il ne fallait pas s'attendre à en obtenir, même avec les terrains non boisés à distraire des forêts, un capital de 50 millions. Sur les 848.738 hectares qui figuraient sur les sommiers de consistance des biens domaniaux au moment de la présentation du projet de loi des 50 millions, 575.692 hectares seulement étaient réellement disponibles; et sur cette superficie 275.046 hectares pouvaient être aliénés utilement. Cette dernière contenance se trouvait même déjà réduite de plusieurs milliers d'hectares par suite de la formation de quelques nouveaux périmètres de colonisation et de diverses ventes réalisées.

La création d'une caisse de colonisation parut appelée à donner d'excellents résultats, à la condition pourtant qu'elle ne serait pas limitée au prix de vente des terres domaniales, mais qu'elle serait encore alimentée par le prix de la location de celles restant la propriété de l'Etat.

Un fonds commun aux trois départements de l'Algérie serait ainsi constitué pour être employé aux travaux de colonisation. On pouvait alors réparer l'inégalité des ressources territoriales existant entre les trois départements, celui de Constantine étant, en effet, celui où étaient situées la presque totalité des terres domaniales susceptibles d'êtres affectées au peuplement.

Ce fonds de concours ne serait pas, du reste, un obstacle au vote des crédits ordinaires alloués annuellement pour le service de la colonisation.

Telles étaient les ressources financières sur lesquelles M. Tirman avait l'espoir, en 1884, de pouvoir compter pour poursuivre l'occupation rationnelle du pays par nos nationaux.

Pour atteindre ce résultat, plusieurs moyens se présentaient et lui paraîssaient devoir être employés simultanément.

On créérait d'abord de nouveaux centres là où le Domaine de l'Etat possédait des terres qui, par leur nature, la facilité des communications et les ressources en eau potable, conviendraient à l'installation d'une population agglomérée. Dans le cas où l'emplacement à affecter au village même n'appartiendrait pas à l'Etat, on chercherait à l'acquérir à l'amiable. Réduite à ces proportions, cette mesure ne saurait apporter aucun trouble puisqu'il ne s'agirait jamais que de superficies restreintes (40 à 50 hectares), et l'utilité publique en serait pleinement justifiée.

En second lieu, partout où le Domaine détenait des surfaces d'une certaine importance susceptibles de servir de noyau à la constitution d'un village, on chercherait à augmenter cette surface en entamant des pourpalers avec les propriétaires limitrophes.

Une nouvelle reconnaissance des forêts permettrait aussi de distraire du sol forestier des espaces importants qui s'ajouteraient aux biens aliénables du domaine de l'Etat. Les terrains ainsi acquis seraient rarement, jamais peut-être, propres à la création de nouveaux centres ou à l'agrandissement des anciens, mais ils pourraient parfois servir à des échanges avec les indigènes. D'ailleurs, leur aliénation par la voie des enchères, en même temps qu'elle augmenterait les ressources de la caisse de colonisation, aurait pour effet de livrer de nouvelles surfaces à l'activité européenne et de donner une nouvelle extension au mouvement des transactions.

Cette extension résulterait, au surplus, de la mise en vente des immeubles domaniaux figurant déjà sur les sommiers de consistance comme impropres à la création de centres. Les adjudications sagement conduites, convenablement échelonnées et faites à des époques opportunes pourraient, à l'aide d'une large publicité, produire de fructueux résultats.

A l'aide de ces ventes la colonisation libre se développerait et trouverait des débouchés qu'elle n'avait pas eus jusqu'ici. Les points de contact entre les européens et les indigènes deviendraient ainsi plus nombreux et il en naîtrait des rapports susceptibles de compenser, dans une certaine mesure, le progrès agricole que l'administration attendait de son premier programme.

PROJET DE LOI

RELATIF A UN NOUVEAU MODE D'ALIÉNATION
DES TERRES DOMANIALES

M. le Gouverneur général de l'Algérie avait soumis à M. le Ministre de l'Intérieur, avant la discussion du projet des 50 millions, un nouveau projet de loi relatif au mode d'aliénation des terres domaniales. Ce projet, tout en s'inspirant de l'expérience du passé, contenait des dispositions libérales de nature à donner satisfaction aux vœux émis par les réprésentants autorisés du pays.

. Ce projet proposait deux modes d'aliénation : la concession gratuite avec obligation de résidence pendant cinq ans pour une partie des lots de villages, ceux aliénés au début de la création d'un centre de colonisation ; la vente aux enchères avec obligation de bâtir et d'exécuter des travaux d'amélioration pour le restant des lots de village et pour tous les lots de ferme. D'après ce système, le peuplement d'un centre devrait être commencé par voie de concessions et complété par voie de vente aux enchères. Les Français d'origine ou par naturalisation étaient seuls admis comme attributaires et il leur était interdit de vendre leurs lots aux indigènes non naturalisés pendant un délai de douze ans à dater de l'affranchissement des clauses résolutoires ou de la vente, et aux étrangers pendant un délai de cinq ans.

Du moment, en effet, qu'on posait en principe que le produit de la vente des immeubles domaniaux était affecté aux dépenses de la colonisation, et que, d'un autre côté, les terres en Algérie avaient pris une certaine valeur, il était logique que leur aliénation eût lieu à titre onéreux. La vente était donc le mode principal, sinon exclusif, qui devait être adopté. Les formes de la vente ne seraient pas les mêmes dans tous les cas. Pour les lots de ferme, objet de nombreuses compétitions, on adopterait le mode de l'adjudication publique ; pour les lots de villages, ce serait ou la vente à prix fixe ou la vente aux enchères, suivant les circonstances.

En territoire dont le peuplement serait assuré d'avance par les conditions particulièrement favorables de la région, on préférerait la vente aux enchères, ce mode étant à la fois le plus rationnel et le plus favorable aux intérêts du Trésor.

Dans beaucoup d'autres cas, on vendrait à prix fixe de manière à ne pas priver l'immigrant des facilités nécessaires et à ne pas créer d'obstacle au recrutement des nouveaux colons.

Il appartiendrait au Gouverneur général, après avis du Conseil de gouvernement, de déterminer, pour chaque centre à mettre en peuplement, celui des deux modes de vente le mieux approprié aux besoins du moment et aux conditions du territoire.

L'exclusion de la vente, soit à prix fixe, soit aux enchères, ne serait prononcée qu'à l'égard des attributaires ou cessionnaires restés détenteurs de terres domaniales. Quant à ceux qui auraient vendu leurs terres, ils ne seraient pas écartés, comme sous le régime du décret de 1878, car on trouverait parmi eux des colons expérimentés qui concourraient utilement au peuplement des nouveaux territoires.

Dans le cas de vente à prix fixe, comme le nombre des demandes serait presque toujours supérieur au nombre des lots, un choix serait fait par une commission spéciale et sanctionné par le Gouverneur général.

L'obligation de résidence, mesure la plus efficace pour assurer le peulement, et appliquée aux Etats-Unis et dans la plupart des colonies anglaises, ne paraissait pas justifiée à l'égard d'un attributaire à titre onéreux qui, par le sacrifice pécuniaire qu'il consentirait, fournirait un premier gage de ses intentions.

Mais, sans agir par voie de sanction pénale, on pourrait, par des avantages particuliers, inciter à la résidence personnelle et faire que l'immigrant y trouvât un bénéfice certain. Dans cet ordre d'idées, le gouvernement proposait d'accorder à l'acquéreur d'un lot de village ayant résidé pendant trois années consécutives et ayant construit sur son lot une maison d'habitation, le dégrèvement des termes non échus du prix de la vente, ce prix étant fractionné de façon que la remise pût atteindre la moitié du capital.

Toutefois, cette sorte de prime accordée à la résidence personnelle ne serait pas étendue aux acquéreurs de lots de ferme.

Le système de concession gratuite, abandonné comme mode principal de peuplement, était conservé à titre exceptionnel et uniquement pour les villages dont la création serait motivée par des raisons de sécurité publique.

Le choix des concessionnaires serait confié, non plus au Gouverneur général, mais à la commission spéciale déjà chargée, dans chaque département, de l'examen des demandes d'admission aux ventes à prix fixe.

Le Gouverneur général sanctionnerait les choix ainsi faits.

L'admission, une fois prononcée, serait définitive, et la concession ne serait plus sous le coup d'une menace de déchéance reconnue comme un obstacle pour le crédit.

Le concessionnaire serait, il est vrai, comme sous le décret de 1878, soumis, sous peine de déchéance, à la résidence personnelle pendant cinq ans ; mais il lui serait loisible de se faire affranchir à toute époque, et non au bout de trois ans seulement, de cette clause résolutoire, en justifiant de travaux d'une importance de 100 francs par hectare.

Il pourrait céder sa concession à un tiers remplissant les conditions, non point après un an seulement, mais aussitôt qu'il le voudrait.

Enfin, la validité des hypothèques qu'il pourrait consentir ne serait plus subordonnée à la justification, si difficile généralement à établir, de l'emploi des deniers, et il se trouverait placé à ce point de vue sous le droit commun.

Ces diverses dispositions assureraient au colon concessionnaire des facilités de crédit qu'on avait songé en 1881 à lui procurer par un projet de loi spécial.

Quant à l'interdiction de revendre aux indigènes non naturalisés des terres de colonisation, qui est de dix ans pour les lots de village et de vingt ans pour les lots de ferme, la durée en serait réduite uniformément à cinq ans, période jugée suffisante pour permettre à l'élément français de s'affermir sur les terres de colonisation.

Une règle semblable serait appliquée aux étrangers pour des motifs analogues.

Aucune disposition particulière, aucune restriction n'est nécessaire relativement à l'aliénation des terrains domaniaux reconnus inutilisables pour la colonisation et laissés en dehors des périmètres de peuplement. Ces ventes, ouvertes à toute personne, sans distinction de nationalité, sont déjà régies par la législation domaniale ordinaire. Avec le régime à inaugurer elles tendraient à augmenter le plus possible les ressources financières à affecter au service de la colonisation, et c'est sur leur produit qu'il faudrait compter principalement pour alimenter le fonds commun.

Tels sont l'esprit et les données du projet de loi dont le Parlement a été saisi.

En septembre 1888, la commission d'initiative sénatoriale chargée d'examiner ce projet, s'est prononcée à l'unanimité pour l'adoption d'un unique mode d'aliénation, celui de la vente,

En résumé, depuis le rejet du projet des 50 millions, des mesures ont été préparées en vue de poursuivre l'œuvre de la colonisation.

D'une part, ce sont des mesures législatives : projet de création d'une caisse de colonisation, projet inaugurant un nouveau mode d'aliénation des terres de colonisation.

D'autre part, ce sont des mesures essentiellement administratives.

Les premières n'ont pas encore reçu la sanction du Parlement.

Quant aux secondes, l'administration en a poursuivi l'exécution et les a complétées en 1888 par des instructions tendant à l'amélioration des centres déjà existants.

En effet, bon nombre de centres de population européenne se trouvent dans une situation assez difficile tant au point de vue des territoires restreints qui leur ont été affectés à l'origine, qu'au point de vue des besoins généraux, sous le rapport des voies de communication, des eaux d'alimentation et d'irrigation, des travaux d'utilité commune et de défense.

Sans négliger les créations de nouveaux villages, il est essentiel d'assurer la prospérité des anciens centres, de venir ainsi en aide aux colons laborieux qui y sont établis et de ne pas perdre le fruit des dépenses qui ont été faites dans ces créations primitives.

La solution d'une question de cette importance se trouve dans l'acquisition de terres d'agrandissement pour augmenter le nombre des concessions et par suite le peuplement, et dans l'exécution de travaux d'utilité commune, notamment en ce qui touche les bâtiments communaux, reconnus les plus indispensables pour donner satisfaction à l'ensemble des besoins.

Les instructions données à cet effet à MM. les Préfets d'Alger, d'Oran et de Constantine sont suivies d'études de projets sur lesquels M. le Gouverneur général statue au fur et à mesure qu'ils lui sont soumis, en tenant compte des besoins constatés et des crédits combinés de l'Etat, du département et des communes.

RÉSULTATS OBTENUS

Grâce aux mesures prises par M. le Gouverneur général et appliquées en s'inspirant du sentiment de la Chambre qui s'était prononcée ouvertement contre le système d'expropriation, la colonisation a pu poursuivre son œuvre, mais non avec l'extension qu'elle aurait acquise si les crédits dont elle avait besoin avaient été mis à sa disposition.

C'est par des données statistiques, figurant pour la plupart dans le tableau général que l'on trouvera plus loin, que nous pouvons rendre compte des résultats obtenus de 1878 à 1888 inclusivement.

Pendant cette période de onze années consécutives, il a été créé 76 villages, 25 dans le département d'Alger, 17 dans celui d'Oran et 34 dans celui de Constantine.

Les hameaux formés sont au nombre de 6.

On a agrandi 41 centres, 6 dans le département d'Alger, 27 dans celui d'Oran et 8 dans celui de Constantine.

Au 31 décembre 1888, six centres étaient sur le point d'être peuplés, M. le Gouverneur général n'attendant pour le faire que l'achèvement prochain des travaux d'installation.

Soit en tout 129 centres ou hameaux créés, agrandis ou sur le point d'être peuplés.

Enfin, le service de la colonisation compte aussi à son actif la création de 279 lots de ferme.

Dans la période de 1870 à 1877, 158 villages avaient été créés ou agrandis grâce aux ressources territoriales que le séquestre, apposé sur les biens des insurgés de 1871 et la contribution de guerre frappée sur les révoltés, avaient procurées à la colonisation.

Si la même marche progressive n'a pas été suivie de 1878 à 1888, cela tient à l'épuisement, d'une part, de ces ressources ; et, d'autre part, à la difficulté d'acquérir toutes les terres nécessaires pour faire face aux besoins qui se sont produits.

Le nombre des concessions agricoles et industrielles y compris les 279 lots de ferme précités, s'est élevé à 4.147 (agricoles, 3.448 ; industrielles, 420).

Défalcation faite des habitants installés sur les lots de ferme, dont la plupart ont d'ailleurs été vendus aux enchères publiques, la population des concessionnaires s'est arrêtée au chiffre de 23.987 personnes.

La population agricole, y compris celle des concessionnaires, s'est élevée, du 1ᵉʳ janvier 1878 au 31 décembre 1887, de 131.798 à 207.615 européens, soit, en 10 ans, une augmentation de 75.817 individus : 23.987 appartenant aux villages créés ou agrandis et 51.830 à l'actif des anciens centres et des lots de ferme.

Quant au mouvement commercial, qui était en 1877 de 350.191.139 francs, il a été, pendant l'année 1887, de

420.534.808 (importation : 220.094.772 fr. ; exportation :
200.440.036 fr.).

L'augmentation a été ainsi de 70.343.669 fr. soit, environ 7 millions par année.

LISTE DES VILLAGES ET HAMEAUX

CRÉÉS OU AGRANDIS DE 1878 A 1888

NOMS DES CENTRES	Année de la création des centres	Population rurale européenne	OBSERVATIONS
Département d'ALGER			
Les Trois-Palmiers........	1878	100	
Ben-Chicao	1878	78	
Ouled-Abbès	1878	71	
Bir-Saf-Saf............	1878	62	
Rivet	1856	»	Agrandi en 1878.
Hammam-Righa............	1878	207	
Oued-Rouïna............	1879	137	
Fort-National	1858	262	Agrandi en 1879.
Tipaza	1854	321	id.
Cavaignac................	1880	228	
Fontaine-du-Génie.	1880	41	
Littré (Les Aribs)	1880	185	
Hoche (Aïn-bou-Dib)	1880	116	
Mekla.................	1880	169	
Kherba	1881	408	
Marceau	1881	206	
Khalloul	1881	84	
Carnot...............	1881	495	
Téniet-el-Haâd...........	1843	215	Agrandi en 1881.
Villebourg	1881	103	
Camp-des-Chênes	1881	55	
Port-Gueydon (Azeffoun)...	1881	305	
Pont-de-Caïd............	1881	56	
Maillot (Souk-el-Tléta).....	1882	265	
Fréha	1882	180	
Azazga.................	1882	399	
Mirabeau (Dra-ben-Kedda).	1875	19	Agrandi en 1882.
Margueritte (Le Zaccar) ...	1881	137	
A reporter........		4904	

NOMS DES CENTRES	Année de la création des centres	Population rurale européenne	OBSERVATIONS
Département d'ALGER *(suite)*			
Report		4904	
Tamda	1884	142	
Taza	1887	294	
Flatters	1887	321	
Takedempt-Touabet	1887	56	Concessions vendues aux enchères publiques.
Ben-N'Choud	1887	55	
Lamartine	1888	282	
Tigzirt	»	»	Sur le point d'être peuplé.
Yacouren	1888	44	
Tamda (agrandissement)	»	»	id.
Aboutville	»	»	id.
5 groupes de fermes formant 39 lots.			
TOTAL		6008	
Département d'ORAN			
Daya	1876	121	Agrandi en 1878.
Oued-Djemâa	1878	116	
Baudens (El-Kçar)	1878	183	
Tabia	1878	387	
Bou-Kanéfis	1872	749	id.
Charrier (Hameau du 40ᵉ kil.)	1878	154	
Ouizert	1878	53	
Aïn-Ouillis	1873	202	id.
Les Silos	1878	135	
Mocta-Douz (hameau)	1862	585	id.
Thiersville (Haut-Froha)	1878	380	
Aïn-Farès	1878	214	
Remchi	1879	259	
Matemore	1879	167	
Thizy	1879	345	
Rio-Salado	1859	502	Agrandi en 1879.
Bellevue (Sourk-el-Mitou)	1848	68	id.
Inkermann	1870	710	id.
Saint-Aimé	1873	429	id.
La Ténirah	1858	186	id.
Télagh	1879	475	
Kenenda	1879	44	
Ammi-Moussa	1859	97	id.
A reporter		6558	

NOMS DES CENTRES	Année de la création des centres	Population rurale européenne	OBSERVATIONS
Département d'ORAN *(suite)*			
Report.......		6.558	
Les Trois-Marabouts......	1880	196	
Aïn Kial	1865	223	Agrandi en 1880.
L'Hillil.................	1859	213	id.
Er-Rahel.....	1859	336	id.
Tabia	1877	234	id.
El-Alef.....	1880	56	
Haïtia	1881	91	
Hammam-bou-Hadjar......	1874	164	Agrandi en 1881.
Magenta	1870	250	Agrandi en 1882.
Mécheria.................	1882	230	Territoire de commandement
Kreider	1882	104	id.
Aïn-Sefra............	1882	295	id.
Slissen.	1875	87	Agrandi en 1883.
Bedeau (Ras-el-Mâ)	1883	347	
Marhoum.................	1884	163	Territoire de commandement
Fortassa	1884	371	
Guertoufa...............	1874	64	Agrandi en 1885.
Chabat-el-Leham....... ..	1874	83	Agrandi en 1885.
Sidi-Khaled	1863	159	id.
Lamtar.....	1875	150	id.
Parmentier...............	1875	111	id.
El-Aricha	1888	36	Territoire de commandement
Aflou (hameau)...........	1887	51	id.
Telagh..................	1879	(¹) »	Agrandi en 1887. (1)
Cacherou...	1860	49	id.
Mellakou	1888	515	
Khalfalla.................	1888	57	Hameau.
2 groupes de fermes formant 7 lots.			
Total..... ..		11 193	
Département de CONSTANTINE			
Zerizer........	1878	281	
Morris	1878	429	
Taher.	1878	274	
El-Achir................	1878	49	
Bel-Imour et Chania.......	1878	37	
Kerrata	1878	176	
A reporter........		1.246	(1) Population totale figure à la création.

NOMS DES CENTRES	Année de la création des centres	Population rurale européenne	OBSERVATIONS
Département de CONSTANTINE *(suite)*			
Report		1246	
Tizi N'Béchar	1878	29	
Sigus	1878	77	Agrandi en 1878.
Robertville	1848	401	
Les Amouchas	1878	116	
Sidi-Mesrich	1880	144	
El-Garah	1880	56	
Rouached	1881	190	
Kercha	1881	199	
Aïn-Abd-el-Beg	1881	28	Agrandi en 1881.
Faucigny	1874	57	
Ouled-Agla	1881	85	Agrandi en 1881.
Nechmaya et Penthièvre	1847	64	id.
Héliopolis	1848	138	id.
Guelaat-bou-Sba	1856	194	id,
Gastonville	1848	20	id.
Mondovi	1848	340	
Bordj-R'dir	1881	171	
Zarouria	1881	212	
Chekfa	1881	217	
Combes (Merdès)	1881	149	
Tiberguent	1881	171	
El-Miliah	1882	118	
Seddouk	1883	244	
Seriana	1883	63	
Siliana	1883	115	
Hamala	1883	45	
Grarem	1883	216	
Aïn-Yagout	1884	87	
Fontaine-Chaude	1884	11	
Blandan (El-Biar)	1884	240	
Grarem (hameau)	1885	171	
Aïn-Fakroun	1886	92	
Beni-Guecha	1886	339	
Renier (Smala-ben-M'Rad)	1886	305	
Roum-es-Souk	1887	166	
Yusuf (Aïn-Assel)	1887	178	
233 lots de ferme : les uns rattachés à des périmètres de village, les autres constituant des territoires isolés.			
TOTAL		6694	

CONDITIONS

QUE DOIT RÉUNIR UNE FAMILLE

POUR RÉUSSIR SUR UNE CONCESSION DE TERRE

Trois conditions essentielles sont indispensables pour créer une exploitation agricole : c'est d'être chef d'une famille nombreuse, agriculteur de profession et possesseur de ressources pécuniaires d'une valeur de 5 à 6.000 francs au moins. Le succès d'un village est intimement lié à celui des familles dont il forme l'ensemble en quelque sorte. Le choix des colons est donc une question de la plus haute importance. Il n'a pas toujours été fait avec tout le soin désirable. Jusqu'en 1882, cette tâche avait été abandonnée aux préfets des trois provinces, par voie de délégation du Gouverneur général. L'unité de vues faisait défaut, des choix malheureux se produisaient assez fréquemment.

M. Tirman, frappé de prime abord de ces résultats, n'hésita pas, dans le but d'y mettre un terme, à assumer la tâche dévolue aux préfets et aux généraux en territoire militaire et à la prendre pour son compte seul, dans l'intention d'appliquer à toute l'Algérie un système uniforme d'admission.

C'est depuis 1882, qu'une circulaire du 7 février a fait connaître en France et en Algérie, que trois conditions étaient absolument exigées des aspirants attributaires de terres domaniales de colonisàtion : la connaissance de l'agriculture, le titre de chef de famille et la possession d'une somme d'au moins 5 à 6.000 fr.

Dans son discours prononcé à l'ouverture de la session du Conseil supérieur, en novembre 1888, M. le Gouverneur général, rendant compte de cette situation, s'exprimait en ces termes :

« En 1882, quand je visitai pour la première fois
« l'Algérie, je fus frappé du nombre relativement consi-
« dérable de colons qui, pour vivre oisifs dans les villa-
« ges, abandonnaient aux indigènes l'exploitation de
« leurs terres. Je rapportai de ma tournée — je puis le
« dire aujourd'hui — une impression des plus pénibles.
« Depuis, les choses ont bien changé. Les éléments mau-
« vais se sont peu à peu éliminés ; tous nos colons sont
« de vrais travailleurs, ne demandant le bien-être qu'à un
« labeur opiniâtre. Aussi, partout, même dans les
« centres le plus récemment créés, règne l'espoir de voir
« l'aisance récompenser de plus en plus leurs courageux
« efforts...
« S'il n'en a pas été toujours ainsi, c'est que, il faut le
« reconnaître, le mode de recrutement des colons a long-
« temps laissé à désirer.
« Donner des terres à ceux qui ne sont pas en état de
« les mettre en valeur, c'était écarter un nombre égal de
« vrais cultivateurs qui auraient su en tirer bon parti.
« Depuis 1882, les concessions ont été exclusivement
« réservées aux agriculteurs de profession ; mais, sur la
« foi de renseignements inexacts, quelques choix
« malheureux ont peut-être été faits. J'ai adressé récem-
» ment des instructions à MM. les Préfets au sujet des
« justifications à exiger désormais à l'appui des deman-
« des de concession. J'espère que leur observation stricte
« préviendra le retour des abus et des erreurs qu'on a
« pu relever dans le passé. »

Nous pourrions ne pas insister sur ce sujet, en présence des explications si précises de M. le Gouverneur général. Cependant, nous ajouterons quelques renseignements complémentaires, désireux de faire toucher, pour ainsi dire du doigt, toutes les affaires, les opérations multiples qui attendent le colon sur sa concession et dont il ne saurait assurer la réalisation s'il n'était muni de tous les éléments nécessaires.

En ce qui touche la qualité de chef de famille, c'est un des facteurs essentiels du peuplement du nouveau village. D'ailleurs, les enfants rendent mille services dans une exploitation agricole : petits soins domestiques, garde des troupeaux en dehors des heures d'école. Une population nombreuse dans un village en fait immédiatement un centre économique qui vivra et se développera d'autant mieux que les besoins à satisfaire seront plus variés et plus considérables. L'intérêt supérieur du peuplement de la colonie par l'élément européen, la mise en valeur même du sol, sont attachés à l'exigence de cette condition d'être père de nombreux enfants pour obtenir une concession de terres.

Les aptitudes agricoles sont indispensables pour faire produire au sol le blé, la vigne, les fourrages. On ne s'improvise pas cultivateur ; la direction de la charrue et le maniement de la pioche sont choses réfractaires à la main qui n'y a pas été exercée par la pratique. M. le Gouverneur général n'admet pas, dès lors, au bénéfice d'une attribution de terres, les ouvriers qui ne sauraient la faire valoir. Toutefois, il leur est réservé des emplacements à bâtir, avec jardin, parce que leur industrie peut être utile à l'agriculture, comme celle de forgeron, boulanger, etc.

Quant aux ressources pécuniaires, ce nerf du succès en toutes choses, nous allons en montrer l'emploi.

Un concessionnaire qui arrive dans un centre de nouvelle création doit d'abord songer à se créer un abri provisoire. En y apportant la plus grande économie, il faut dépenser de ce chef au moins 1.500 fr., pour n'avoir que le strict nécessaire, c'est-à-dire de quoi se loger et remiser ses animaux de labour et ses instruments agricoles. Il convient de ne pas perdre de vue qu'il ne trouve pas sur place toutes les facilités voulues pour la construction à édifier, qu'il doit faire venir d'assez loin la plupart des matériaux dont il a besoin, surtout les bois et les fers ; que les ouvriers d'art se paient plus cher en raison des difficultés qu'ils éprouvent eux-mêmes à assurer sur place leur existence matérielle.

Il faut ensuite que le concessionnaire se procure des bêtes de labour, bœufs ou chevaux et quelques instruments aratoires : charrues, herse, rouleau, voiture, etc..., On ne peut évaluer à moins de 4 à 500 fr. un attelage de bœufs ou de chevaux en état de faire un bon travail, et on doit bien compter près de 2 à 300 fr. pour se procurer les instruments les plus indispensables.

Ces premières dépenses effectuées, il doit songer à acheter les semences. Et admettant qu'il puisse, dès la première année, labourer de 15 à 20 hectares pour les semer en blé, il lui faut de 12 à 15 quintaux, représentant une somme de 2 à 300 francs.

Mais il est rare qu'il soit en mesure, dès l'année de son installation, de mettre ses terres en culture. Généralement les terrains concédés sont, au moins pour la plus grande partie, couverts de broussailles. Il est par conséquent obligé de faire défricher les 15 à 20 hectares qu'il veut ensemencer, ce qui lui occasionne, au bas mot, une dépense de 100 fr. par hectare, soit pour le moins 1.500 fr.

On doit, dès lors, compter deux ans avant que le concessionnaire ait pu commencer à récolter et à vivre du produit de ses terres. Or, pendant ce temps, il faut qu'il se nourrisse lui et sa famille. En calculant seulement pour quatre personnes, effectif moyen d'une famille, et en admettant qu'elles ne dépensent pas plus d'un franc par jour et par tête, dans un centre où naturellement toutes les denrées se payent dans les débuts à des prix plus élevés qu'ailleurs, c'est un chiffre de plus de 1.000 francs par an qu'atteignent les dépenses d'une famille. Supposons néanmoins qu'avec la plus stricte économie, elle parvienne à ne dépenser que les 2/3 de cette somme, c'est plus de 1.500 francs qu'il lui faut pour les deux ans.

Si nous additionnons toutes ces sommes, en ne prenant même que les chiffres les moins élevés, nous arrivons à un total de 5.300 francs.

C'est grâce à sa nombreuse famille, à ses connaissances pratiques en agriculture et à ses avances pécuniaires que le colon est sûr de réussir.

L. DE LACHAPELLE,

Chef du 3e bureau au Gouvernement général
de l'Algérie.

ALGER, TYP. GIRALT, IMPRIMEUR DU GOUVERNEMENT GÉNÉRAL
16, rampe Magenta, 16

www.ingramcontent.com/pod-product-compliance
Lightning Source LLC
Chambersburg PA
CBHW051405050726
47595CB00006B/2710